AURA

UFULDENDTE SERENADER

Et Benjaminsk passagebind

Kim Gørtz

© 2024 KIM GØRTZ

AURA

UFULDENDTE SERENADER

Et Benjaminsk passagebind

2024

SAGARO REC & PUB

ISBN: 9788743058779

Forlag: BoD – Books on Demand, Hellerup, Danmark

Tryk: BoD – Books on Demand, Norderstedt, Tyskland

Erkendelsens nu er opvågnens øjeblik.

Walter Benjamin

I Safranski, s. 195

En mester fra Tyskland. Heidegger og hans tid, 1994/1998

Tilfældets tid

Om hul indvendighed, brokker og ophold mellem linjerne

Ufrugtbarhed, prompte på fastende hjerte i den første vågne times ensomhed; berøringen med dagen.

Drømmeansigtets sprængskud som i en stor kluntet barneskrift: "Genialitet er flid".

Kæmpesving i livslykkens krystal, en dunkel flugtvej med sjælløse orgier som sitrer; en snerpet port.

Berøringens afskyvækkende væmmelse slynger sig spidsbuet og skyggeagtigt; suser slidt og skævt henrevet, som en rynket kærlighedsfølelse.

Mugne og skånselsløse strimler af milde gløder, som et sammensvejset pulver af snæverhjertede dyrs dunkle drifter; dumhedens sløvhed og perversioner.

Ubærligt med tillid, ro og sundhed, som en berørt nøgenhed, der sårer brutalt og smudser langs græmmelsens bratte vej.

Trøsteløs, grotesk isolering, en anmassende tøven i konturerne af sammenstuvede livsteorier; fra et tungt forhæng siver opsætsig råhed og tærende degeneration.

Luftsøjlens mærkbare bevægelsesmidler og den afsnørende vandringslysts egentlige plads våger.

Det er, som om man er fanget i et teater og tvunget
til at følge stykket på scenen, om man vil det eller ej,
igen og igen tvunget til at gøre det til genstand for
tanke og samtale, om man vil det eller ej.
(Benjamin, Ensrettet gade, s. 30, 2021)

Enhver menneskelig bevægelses udfoldelse er, om
så den udspringer af åndelige eller endda af
naturlige impulser, dikteret ubegrænset modstand
fra omverdenens side.
(Benjamin, Ensrettet gade, s. 32, 2021)

Det ser ud, som om der fra folkeslagenes ældste
skikke er overleveret en advarsel til os om at vogte
os for den gerrige gestus, når vi tager imod det, som
vi så rigeligt bliver tilskikket af naturen.
(Benjamin, Ensrettet gade, s. 34, 2021)

Hvis først samfundet er blevet så degenereret af
nød og grådighed, at det kun kan tage imod
naturens gaver ved at røve dem, så degenereret, at
man river frugterne ned, førend de er modne, for at
sælge dem med fordel på markedet, og må tømme
alle skåle bare for at blive mæt, vil dets jord
forarmes og landbruget give dårlig høst.
(Benjamin, Ensrettet gade, s. 35, 2021)

Der er tre trin i at skrive god prosa: et musikalsk,
hvor den komponeres, et arkitektonisk, hvor den
opbygges, og endeligt et tekstuelt, hvor den væves.
(Benjamin, Ensrettet gade, s. 36, 2021)

Indhold

Skriften, der havde fundet asyl i den trykte bog, hvor den førte en autonom tilværelse, bliver ubønhørligt trukket ud på gaden af reklamen og underkastet de brutale heteronomier inden for erhvervslivets kaos.

Benjamin, Ensrettet gade, s. 37-38, 2021

Eventyrlige initiativer

Bitre, vibrerende ukrudt; svindlende sfærer –
libatio.

Skrabet, henrettet daggry; aflåste nerver –
vertikal fygning.

Græshoppesværme af skrift; knudeskriftens
kartotek.

Excentrisk ståhej; skriftkyndig og falbudt
innervation.

Elendighedens parademarch; et stemmevirvar i
nattens dybe stilhed.

Den lyse og klare aften. Den frit formet og
underholdende kærlighedssang. Som en
forelsket bejler synges disse sange til en elsket
læser: *Aura. Ufuldendte serenader. Et
Benjaminsk passagebind.*

Det er helt Benjaminsk!

1. I passager
2. *Lad ingen tanker passere inkognito*
3. Magnetisk kraft
4. *Talen erobrer tanken, men skriften
   behersker den*
5. Ballast, stoflighed – kraftcentral

Ufuldendte serenader på vej

Hellig

Et Agambensk nøgenbind

Immobil

Et Sloterdijksk sfærebind

Fremmed

Et Rosask resonansbind

Flugt

Et Deleuzesk rhizombind

Livsvilje

Et Nietzschesk kraftbind

Negativ

Et Adornosk fortryllelsesbind

Tidligere udgivet

Frifundet. *Et Kafkask procesbind*

Inderlig. *Et Kierkegaardsk eksistensbind*

Væsentlig. *Et Heideggersk værensbind*

En periode, der, metrisk konciperet, efterfølgende forstyrres på et enkelt punkt i sin rytme, danner den smukkeste prosasætning, man kan tænke sig. Gennem en lille sprække i muren falder en lysstråle således ind i alkymistens stue og lader krystaller, kugler og triangler lyse op.

Benjamin, Ensrettet gade, s. 41-42, 2021

At være øjeblikket voksent

Svævede berygtet som en levendegjort lunte, som
en salig længsels ekko med herredømmets glorie i
sin midte.

Som listighedens trafik – i det grinende mørke; "...
tog jeg mig selv i at rette mit slips...", som et
fortrøstningens snefnug i begivenhedernes
hvirvlende luft.

Mumlende, strygende, klaprende, trævlende og
støjende; famlende og trillende – stum...

I et drønende *orkestrion*, stammende manisk i
drømmeskovens krypt gemt i stridbare skjulesteder
vajer her den sprogløse hjertebanken.

Krøb(l)et sammen i den tryllebundne livstid, i
øjeblikkets skrig af selvbeherskelse; i øjenhulerne.

Som en afsvedet medaljon fodres en *yogapraksis,
som mediterer over hellige stavelser.*

Som *en lukket skuffe, der først får vejret, når den
trækkes ud.*

I et beskygget relief, grelt, som en kostbar blok, som
solopgangens livsur, i et emaljeret sideværelse, sker
uigenkaldeligt et stille samlivs facade; her visner og
genoprettes endeløst og mageløst, uafbrudt tomt,
forvænt og dødsenstrist et indædt, trøsteløst
tårehav.

At være lykkelig betyder at kunne kapere sig selv uden rædsel.

Benjamin, Ensrettet gade, s. 58, 2021

Verdenshavet

Magisk triller og allierer en rådløs, besværget
blodstemme sig med de svungne tændesnore, der
risler rundt i tumultens omladningsteder, og som
kommer drivende i øjesyn.

Når den bevingede fornemhed funkler som
stirrende flokke, og fortumlet skråner, rullende
stuvet, og strittende afskåret – kummerligt
stikkende i den frie hånd; hugger et herset snøreliv.

Hørligt skuffende i en forvrænget gestus spinder
bønfaldende et gyldent krat, og synker ind i en
målløs undren.

Linserne i tankernes kloroform snitter og brænder
som en helbredt sentimentalitet, og en følsom ildpyt
strutter.

Dybt tilbagelænet likvideres den blændende
bestråling; som lumsk stemplet.

I den sorte procedure revner et grafisk cellevæv, og
sønderdeler stribernes klæbende småstykker; som
tegnet på livets maddiker.

I de magiske gyder, i en nedfældet harmoni, majer
den ovale snuhed *et aldeles stille ocean* ned.

Hviskende, kølige forbindelser *under det sorte klæde*
er vores elskværdige dødningehoveds nødhjælp.

I et klattet omløb; skåret, lænket, klippet, flettet.

De fleste søger i kærligheden en evig hjemstavn. Andre, meget få, derimod den evige rejse. De sidstnævnte er melankolikere, som har grund til at sky deres oprindelse.

Benjamin, Ensrettet gade, s. 64, 2021

Tryllebrønden

Håndgrebets bølger forsømmer den stumme skræk,
i det nøgne; skændet i snublende rædsler, i
uforlignelige tætte væv, med skrå vågeøvelser –
som ømt flygtende – *"ad plures ire"*...

Den rådne, skumle, lurvede 'flirten' bejler med den
erotiske accent i et excentrisk udslag; her losses en
massiv flok rullende, krydsende, hejsende afsted i
en tåget inspicering.

Duperet på det åbne hav bevares følingen med den
forkrøppede vugge; i et svigtende kluns og med
opblomstrende impulser varsles en brandert af
optisk forbundethed.

Kosmos i rus; i strømmende, brusende sværmerier.

15

'Frejdigheden', 'det åbne blik', er løgn, hvis de
da ikke slet og ret er blevet det naive udtryk
for inkompetence. Det mest virkelighedsnære
blik i dag, det merkantile blik ind i tingenes
hjerte, hedder reklame.

Benjamin, Ensrettet gade, s. 87, 2021

Den muntre melankoli

Tragediens myter, en negativ dialektisk æstetik,
kritikkens kulturelle konstruktivitet; den
betydningsteoretiske *Verismus* – et metodisk
suspekt begreb om empati.

Den poetiske kritik – universaliestriden; et arbitrært
forgodtbefindende, en rådvild og frugtbar skepsis –
reservatio mentalis – en allegorisk genoplivelse.

Sandhedens skønhed, sørgespillets omsorg, den
opdragende vejrtrækning, og de rytmiske
cirkelbevægelser er en brydning, som frisætter en
krypteret forsegling.

Mosaikkens traktat og tankebrud fordyber sig
forløsende kontemplativt i oprindelsens forgåen, og
malstrømmens rytmik genetablerer en *anamnesis* –
som en oscillerende usurpator.

I virvarets skumring og lumpne forskønnelse af
magtesløshedens intime *facies hippocratica* øjnes

her et begrebsmageri, hvis rebus hæver
betydningsrekvisitternes arrogante afsondring.

I de stumme tegns sørgmodighed og djævelske stof
længes der efter den nye pagt, og de bundløse
omslag i dybdernes svimmelhed forlader et
ruinlandskab i helhedens økonomi;

*"… et regressivt ønske om at ryste pessimismen og
tungsindet af sig og vende tilbage til middelalderens
spirituelle ro." (s. 53-54, 2014)*

I et gådefuldt skær genoplives der en frelsesproces, i
en slags *suspense effect* opkvikkes en endeløs
neurotisk pessimisme, hvis patologiske melankoli og
afgrundsdybe tungsind giver sporadiske glimt af et
messiansk håb.

Den katastrofiske eksistens

… krumspringet …

den etiske brist

… sønderflår …

i sin rasende s(p)ørgen.

Øjeblikket er det kaudiniske åg, som skæbnen bøjer sig for kroppen under. At forvandle fremtidstruslen til opfyldelsens øjeblik, dette det eneste ønskværdige telepatiske mirakel, er den legemlige åndsnærværelses værk.

Benjamin, Ensrettet gade, s. 103, 2021

Munkesygen

Esoteriske essays truer med at indfange sandheden i et edderkoppespind; *panegyrikon – epitheton –* åbenbaringens refugium.

I den berørte givethed – *intellectus archetypus –* erindres ordets væsen som i en krystallinsk simultanitet; pulserende gennem kroppen – "... et væsen af homogen substans og fuld af virkelig væren."

Højtelskede vendepunkter med åbent visir; "... tankens dybe vejrtrækning..." – den sande kontemplation:

"Oprindelsen står i tilblivelsens flod som en malstrøm og river tilblivelsesmaterialet med ind i sin rytmik. ... indsigten i væsenssammenhænge ligger hos filosoffen..." (s.88, 2014)

Oprindelsesseglets singulære afskridt giver monaden et paradoksalt skær, hvor efterklange skuer olmt efter sproglivets ædle pathos og tragiske katastrofe.

Medlidenhed og frygt, ulyksalig; umisteligt tvetydig og troværdigt berøres tidens eksistentielle spørgsmål gennem digterens klagende talerør og resonans.

Hyrdespillets neologismer, heftige orddannelser og sproglivets kilde; at forblive herre over sig selv.

'Jorden kommer udelukkende til at tilhøre
dem, der lever i overensstemmelse med de
kosmiske kræfter.'

Benjamin, Ensrettet gade, s. 110, 2021

Dræn

Den filosofiske undersøgelse i den aristoteliske
dramaturgis skole – og poetik, styrker tilskuernes
dyd gennem en aktiv impuls til at lette andres
lidelser og bekymringer.

Et patologisk sammenbrud, tragediebeskuelsens
stofkreds mestrer regeringskunsten;
hændervridende undtagelsestilstande og
katastrofiske restaurationer ved verdens afgrunde,
ophober, eksalterer og overgiver eskatologiske
fornægtelser.

Fromme og genoplivede – *praesentia nocet* –
genoprettelsen af en orden, modintrigens særscene,
dramahvælvingens flugtlinje og buespænding, en
indignationens vildskab, ekstasens øjeblikke i
forklarelsens skær.

Livssfærernes reflektoriske virtuositet...

Men teknikken har forrådt menneskene og forvandlet bryllupslejet til et blodbad, fordi den herskendes klasses begær efter profit ville tilfredsstille sin egen vilje ved hjælp af den. ... Og teknik er da heller ikke naturbeherskelse: derimod beherskelse af forholdet mellem natur og menneskehed.

Benjamin, Ensrettet gade, s. 111, 2021

Meninger er olie

Kollektivets utopi og ubevidste livs konfigurationer
er maskinernes opkomst og passionernes tandhjul;
psykologiens materiale er slaraffenlandet for
utopiens nye liv.

Naturens nye liv, en frigørelsens fest som
industrialiserer hele jorden; en fantasmagori, som
mennesket træder ind i, for at lade sig adsprede.
(Passageværket, s. 14)

Fremmedgørelsen, en spaltning mellem varens
utopi og kyniske element, "varens teologiske
nykker" (jf. Marx) forvandler hele naturen til
specialiteter. Varens livsnerve, inderlighedens loge
og reserver, mobiliserer et eksistentielt etui, som
næres af melankolien; den fremmegjortes blik.

På tærsklens skær, i asyl i mængden, er kupmagere
på strejftog; i den 'dødsmærkede idyls' tvetydige
stilstand spejler passagerne den falske bevidsthed.

Rummet fremmedgør med en strategisk
forskønnelse, og svimmelhedsfølelsens sanselige
nærvær prisgiver de tværgående
tandhjulsforbindelsers beskyttelse mod angstens
farer: "... *den gnist, der kan få naturens krudt til at*
eksplodere. ... Menneskets udbytning af naturen er
en refleks af udbytningen af mennesket, som
foretages af ejerne af produktionsmidlerne."
(Passageværket, s. 28)

24

Gyset ved ægte kosmisk erfaring er ikke
bundet til det lillebitte naturfragment, som vi
er vant til at kalde 'natur'.

Benjamin, Ensrettet gade, s. 112, 2021

Varmen siver ud af tingene

Det vegetative liv slynger sig ind i livsrammernes indre flugt, et asyl, beruset, smigrende, hjertets infernalske ydmygelse, fornedrelse – og skanse.

Al menneskelig væren er evigt i hvert sekund af dets eksistens.

Altid og overalt på den jordiske skueplads, det samme drama, de samme dekorationer, på samme lille scene, en støjende menneskehed, optaget af sin egen storhed, i troen på at være selve universet, og levende i sit fængsel, som om det var et uendeligt rum, blot for snart at forsvinde sammen med kloden, som med den dybeste foragt har båret den menneskelige arrogances byrde.

(Passageværket, s. 40)

Resignation uden håb; det fordømtes forbandelse, korridorer som tilflugtssteder, at genfinde en ny passage, varekapitalens templer, ragelset, livets liderlige væv i en svulst, i læ for latterlige passioner og nye hastigheder, en foldningens livsnerve.

De store lediggængere; drømmeren må stå op før solen får bukser på... (Passageværket, s. 125)

Kun rusen ved at avle overvinder for alt
levende svimmelheden ved at tilintetgøre.

Benjamin, Ensrettet gade, s. 112, 2021

Hjernekistens vågeøvelser

At krænge tidens fór udad, kollektivets søvn, en
manglende lyst til at leve, dybe depressioner,
kedsomhed, at vente i et vældigt øjeblik.

Nuancer er at føde livet på ny som en litterær
montage og et Kierkegaardsk øjebliks-billede, et
stempel; en tidskernes foldning, genkendelighedens
nu, brudstedet, hvor vi åbner det skeendes bog, og
gnider os i øjnene, som når vi vågner.

'Menneskeheden skal tage afsked med sin fortid –
og en af forsoningens former er munterheden'.
(Passageværket, s. 572)

Når *filosofien holder sig tilbage, indtil en ussel
virkeligheds magt er knækket*, må begrebets sejl
sættes; en katastrofes lynglimt antændes.

Det kritiske øjeblik, at komme 'ud af tankens
område' (Jf. Engels), *"hvor tænkningen standser op i
en konstellation, der er mættet af spændinger, dér
træder det dialektiske billede frem."*
(Passageværket, s. 583)

'Lykken kan vi kun forestille os i den luft, vi har
indåndet, blandt de mennesker, der har levet
sammen med os.' (Passageværket, s. 588)

Apokatastasis; genoprettelsen, erindringens væven;
evnen til at kombinere og strukturere en fortælling
ved hjælp af samklange, og skabe en ny helhed.

'Og vor korte tid er intet andet end et digt. Et spil, hvor den ene snart går ind, den anden snart går ud; med tårer begynder det, med gråd tilintetgøres det. Ja, efter døden leger tiden med os, når forfald, maddike og orm roder rundt i vore liv.'

Fra: W. Benjamin: Det tyske sørgespils oprindelse, s. 120 (2014)

Om at trænge ind i bogens arkaiske stilhed

Allegoriske blikke, gen-auratisering, chokoplevelser; opvågningens utopi, at gøre historien læselig, som fastfrosset spor af potentialer, *messianske splinter*, i glemslens ruiner, som tærskelvogtere, som en beruset jæger.

I den transcendentale hjemløshed foregår en ensom læsning gennem et erindringsvæv, som taler uden mål, i elementer af montager, hvis arkivariske emblem skaber en progressiv universalpoesi ved at gøre det almene til fragmenter, til en tidskritisk utopi.

Ved tidskernernes omslag, aura og potentialitet annulleres der et magtsprog, og opkommer et magisk sprog, der læser det, der aldrig er blevet skrevet, og som udtrykker en oprindelig sans for at læse *usanselige* tavshedsrester i kosmos, i naturen, i dansen.

At spadsere listigt gennem drømmerummene, og være i de frirum og bære åndehullernes vartegn, er at være den kludesamler, som afbryder stykkerne gennem stumpernes nødbremser.

I et skyggesprog, og med trækpapir, hvis tærskler udgør tomme erindringssteder, som passagernes eksil, i dissonante selvmord, huses hullerne, gåderne, ruinerne – og opklaringerne.

Ligesom en syg, der ligger i febertåger, i deliriets jagende forestillinger bearbejder alle ord, han opfanger, således tager tidsånden vidnesbyrd om tidligere eller fjerne åndsverdener op på ny for at tilrane sig dem og kærlighedsløst lukke dem inde i sine selvoptagne fantasier.

Benjamin: Det tyske sørgespils oprindelse, s. 95-96 (2014)